Luís Carlos Moreira da Costa

Java

para iniciantes

Java para iniciantes

Editor: Paulo André P. Marques

Supervisão Editorial: Carlos Augusto L. Almeida

Produção Editorial: Tereza Cristina N. Q. Bonadiman

Capa e Layout: Amarílio Bernard

Diagramação: Patricia Seabra

Revisão: Carmen Mittoso Guerra

Assistente Editorial: Daniele M. Oliveira

FICHA CATALOGRÁFICA

Costa, Luís Carlos Moreira da

Java para iniciantes

Rio de Janeiro: Editora Ciência Moderna Ltda., 2002.

Linguagem de programação para microcomputadores

I — Título

ISBN: 85-7393-189-2 CDD 001642

Editora Ciência Moderna Ltda.
Rua Alice Figueiredo, 46
CEP: 20950-150, Riachuelo – Rio de Janeiro – Brasil
Tel: (21) 2201-6662/2201-6492/2201-6511/2201-6998
Fax: (21) 2201-6896/2281-5778
E-mail: lcm@lcm.com.br
www.lcm.com.br

Agradecimentos

Agradeço a Deus por ter me dado sabedoria, por estar realizando o grande sonho de escrever este livro e também pela presença destas pessoas, que são muito importantes na minha vida.

Ai vão alguns nomes:

Odette Badolato da Costa e Getulio Moreira da Costa (pais), Carlos Alberto Moreira da Costa (irmão), Theodora Lepore Badolato (avó), José Badolato (avô *in memorian*), Miguel Moreira da Costa e Maria Salcedo Costa (avós *in memorian*), Wuilibald Badolato (tio), Helga Duellberg Badolato (tia *in memorian*), João Carvalho e Guiomar Carvalho (tios), Alexandre Gonçalves Pacheco, Claudia Duellberg Badolato Pacheco e Karen Duellberg Badolato (primos), José Rocha Filho e Alice Lourenço Rocha (sogros), Valdir Rocha, José Roberto Rocha, Miriam Rocha, Norival Furtado Teixeira, Irinéia Rocha, José Matheus Borges, Isabel Cristina Rocha (cunhados), Nilton César Rocha do Nascimento, Eduardo Rocha Borges, André Rocha Borges (sobrinhos), Sebastião Matheus Borges, Rosa Maria Martins Silva Borges, Carolina, Henrique, Talita, Julio da Silva Freitas, Isaias Lima, Fábio Luís Ramon (amigos), Márcio José Aniceto e Patrícia (padrinhos), José Rubens M. Tocci (Diretor da Borland Latin América), Paulo W. Furgeri (Team Manager EDS Brasil).

O autor

Luís Carlos Moreira da Costa é consultor técnico, professor e instrutor em Java e C++ Builder e desenvolvedor Java da TCL SOFTWARE S/C LTDA.

Contatos com o autor: tcljava@zipmail.com.br, tcljava@hotmail.com

Frase:

Transferir conhecimentos não é uma forma de medir sabedoria, mas um dom que Deus dá aos homens de boa vontade.

Dedicatória

Ao meu filho Nicholas, à minha esposa Selma
e às minhas enteadas Laís e Bianca.

Sumário

Capítulo 1

Introdução

1.1. O que é JAVA?

Java é uma linguagem de programação orientada a objetos desenvolvida pela Sun Microsystems. Modelada depois de C++, foi projetada para ser pequena, simples e portável a todas as plataformas e sistemas operacionais, tanto no que se refere ao código-fonte como aos binários. Esta portabilidade é obtida pelo fato da linguagem ser interpretada, ou seja, o compilador gera um código independente de máquina chamado *byte-code*. No momento da execução, este *byte-code* é interpretado por uma máquina virtual instalada na máquina. Para portar Java para uma arquitetura hardware(s) específica, basta instalar a máquina virtual (interpretador). Além de ser integrada à Internet, Java também é uma excelente linguagem para desenvolvimento de aplicações em geral, oferecendo suporte ao desenvolvimento de software em larga escala.

1.2. O que é um APPLET?

Applet é um programa especial escrito em Java, adaptado para instalação e execução dentro de páginas HTML. Estas páginas podem então ser visualizadas num *browser*.

1.3. O que é uma APLICAÇÃO?

Aplicação é um programa mais geral escrito na linguagem Java, não requendo um *browser* para sua execução. De fato, Java pode ser usada para criar todo tipo de aplicações que usualmente você implementa com outras linguagens mais convencionais.

1.4. O que é o APPLETVIEWER?

Quem criou o Java espera que todos os *browsers* algum dia suportem os Applets. Para facilitar o desenvolvimento de aplicações, foi criado o Appletviewer, que mostra apenas a área onde é executado o Applet. Depois de testar bem seu código com o Appletviewer, você deve então testá-lo com alguns *browsers* que suportem Java, para ver o efeito final.

1.5. O que é APPLET no WWW?

Os applets são disparados quando se carrega uma página HTML. A seguir, há um exemplo de código HTML que dispara um applet.

```
<HTML>
<HEAD>
<TITLE> Java </TITLE>
</HEAD>
<BODY>
<APPLET CODE="nome.class" WIDTH=300 HEIGHT=100>
</APPLET>
</BODY>
</HTML>
```

1.6. Como criar uma APLICAÇÃO

Para começar, criaremos uma simples Aplicação em Java: a clássica “Hello World!”, o exemplo que todos os livros de linguagens usam.

1.6.1. O código-fonte

Como todas as linguagens de programação, o código-fonte será criado em um editor de texto ASCII puro. No Unix, alguns exemplos são emacs, pico, vi e outros. No Windows, notepad ou dosedit também servem.

A seguir, o código da aplicação “Hello World!” (arquivo: HelloWorld.java):

```
class HelloWorld {
     public static void main (String args[]) {
          System.out.println("Hello World!");
     }
}
```

1.6.2. Como compilar a Aplicação

Para compilar a Aplicação, basta digitar o comando:

javac HelloWorld.java

Este comando vai gerar o arquivo HelloWorld.class, que é o *byte-code* da Aplicação. Para executar o *byte-code,* basta digitar o comando:

java HelloWorld

1.7. Como criar um APPLET

Criar um Applet é diferente de criar uma simples Aplicação, porque um Applet é executado e visualizado dentro de uma página HTML. Como exemplo, novamente será implementada a clássica “Hello World!”.

1.7.1. O código-fonte

A seguir, o código da Aplicação “Hello World!” (arquivo: HelloWorldApplet.java):

```
import java.awt.Graphics;

public class HelloWorldApplet extends java.applet.Applet {
     public void paint (Graphics g) {
          g.drawString ("Hello World!",5,25);
     }
}
```

1.7.2. Como compilar o Applet

Para compilar o Applet, basta digitar o comando:

```
javac HelloWorldApplet.java
```

Este comando vai gerar o arquivo HelloWorldApplet.class, que é o *byte-code* do Applet. Para executar o *byte-code* é necessário haver uma página HTML, que tem o código a seguir (arquivo: exemplo1.html):

```
<HTML>
<HEAD>
<TITLE> Java Hello World </TITLE>
</HEAD>
<BODY>
<APPLET CODE="HelloWorldApplet.class" WIDTH=300 HEIGHT=100>
</APPLET>
</BODY>
</HTML>
```

1.7.3. Visualização

A página com o código descrito anteriormente pode ser visualizada através de um *browser* que suporte Java ou do Appletviewer utilizando-se do comando a seguir:

```
appletviewer exemplo1.html
```

Capítulo 2

O básico

2.1. Variáveis e tipos de dados

Variáveis são alocações de memória nas quais podemos guardar dados. Elas têm um nome, tipo e valor. Toda vez que necessitar usar uma variável, você precisa declará-la e só então poderá atribuir valores a mesma.

2.1.1. Como declarar variáveis

As declarações de variáveis consistem em um tipo e um nome de variável: como segue o exemplo:

```
int idade;
String nome;
boolean existe;
```

Os nomes de variáveis podem começar com uma letra, um sublinhado (_), ou um cifrão ($). Elas não podem começar com um número. Depois do primeiro caractere, pode-se colocar qualquer letra ou número.

2.1.2. Tipos de variáveis

Toda variável deve possuir um tipo. Os tipos que uma variável podem assumir uma das três "coisas" a seguir:

- Uma das oito primitivas básicas de tipos de dados
- O nome de uma classe ou interface
- Um Array

Veremos mais sobre o uso de Arrays e classes mais a frente.

Os oito tipos de dados básicos são: inteiros, números de ponto-flutuante, caracteres e booleanos (verdadeiro ou falso).

Tipos inteiros:

Tipo	Tamanho	Alcance
byte	8 bits	-128 até 127
short	16 bits	-32.768 até 32.767
int	32 bits	-2.147.483.648 até 2.147.483.647
long	64 bits	-9223372036854775808 até 9223372036854775807

Existem dois tipos de números de ponto-flutuante: float (32 bits, precisão simples) e double (64 bits, precisão dupla).

2.1.3. Atribuições a variáveis

Após declarada uma variável, a Atribuição é feita simplesmente usando o operador '=':

```
idade = 18;
existe = true;
```

2.2. Comentários

Java possui três tipos de comentários: o /* e */ como no C e C++. Tudo que estiver entre os dois delimitadores são ignorados:

```
/* Este comentário ficará visível somente no código o compilador
ignorará completamente este trecho entre os delimitadores
*/
```

Duas barras (//) também podem ser usadas para se comentar uma linha:

```
    int idade; // este comando declara a variável idade
```

E, finalmente, os comentários podem começar também com /** e terminar com */. Este comentário é especial e é usado pelo ***javadoc*** para gerar uma documentação API do código. Para aprender mais sobre o ***javadoc***, acesse a home page (http://www.javasoft.com).

2.3. Caracteres especiais

Caractere	Significado
\n	Nova Linha
\t	Tab
\b	Backspace
\r	Retorno do Carro
\f	"Formfeed" (avança página na impressora)
\\	Barra invertida
\'	Apóstrofe
\"	Aspas
\ddd	Octal
\xdd	Hexadecimal

2.4. Expressões e operadores

2.4.1. Operadores aritméticos

Operador	Significado	Exemplo
+	soma	3 + 4
-	subtração	5 - 7
*	multiplicação	5 * 5
/	divisão	14 / 7
%	módulo	20 % 7

Exemplo aritmético:

```
class ArithmeticTest {
public static void main ( Strings args[] ) {
     short x = 6;
     int y = 4;
     float a = 12.5f;
     float b = 7f;

     System.out.println ( "x é " + x + ", y é " + y );
     System.out.println ( "x + y = " + (x + y) );
     System.out.println ( "x - y = " + (x - y) );
     System.out.println ( "x / y = " + (x / y) );
     System.out.println ( "x % y = " + ( x % y ) );

     System.out.println ( "a é " + a + ", b é " + b );
     System.out.println ( " a / b = " + ( a / b ) );
  }
}
```

A saída do programa acima é :

```
x é 6, y é 4
x + y = 10
x - y = 2
x / y = 1
```

```
x % y = 2
a é 12.5, b é 7
a / b = 1.78571
```

2.4.2. Mais sobre atribuições

Variáveis podem ser atribuídas em forma de expressões como:

```
int x, y, z;
x = y = z = 0;
```

No exemplo, as três variáveis recebem o valor 0;

Operadores de atribuição:

Expressão	Significado
x += y	x = x + y
x -= y	x = x - y
x *= y	x = x * y
x /= y	x = x / y

2.4.3. Incrementos e decrementos

Como no C e no C++, o Java também possui incrementadores e decrementadores :

```
y = x++;
y = —x;
```

As duas expressões dão resultados diferentes, pois existe uma diferença entre prefixo e sufixo. Quando se usa os operadores (x++ ou x—), y recebe o valor de x antes de x ser incrementado; e usando o prefixo (++x ou –x), acontece o contrario: y recebe o valor incrementado de x.

2.5. Comparações

Java possui várias expressões para testar igualdade e magnitude. Todas as expressões retornam um valor booleano (true ou false).

2.5.1. Operadores de comparação

Operador	Significado	Exemplo
==	Igual	x == 3
!=	Diferente (Não igual)	x != 3
<	Menor que	x < 3
>	Maior que	x > 3
<=	Menor ou igual a	x <= 3
>=	Maior ou igual a	x >= 3

2.5.2. Operadores lógicos

Operador	Significado
&&	Operação lógica E (AND)
||	Operação lógica OU (OR)
!	Negação lógica
&	Comparação bit-a-bit E (AND)
|	Comparação bit-a-bit OU (OR)
^	Comparação bit-a-bit OU-Exclusivo (XOR)
<<	Deslocamento à esquerda
>>	Deslocamento à direita
>>>	Deslocamento à direita com preenchimento de zeros
-	Complemento bit-a-bit
x <<= y	Atribuição com deslocamento à esquerda (x = x << y)
x >>= y	Atribuição com deslocamento à direita (x = x >> y)
x >>>= y	Atribuição com deslocamento à direita e com preenchimento de zeros (x = x >>> y)
x &= y	Atribuição AND (x = x & y)
x |= y	Atribuição OR (x = x | y)
x ^= y	Atribuição XOR (x = x ^ y)

Capítulo 3

Arrays, loops e condicionais

3.1. Arrays

Arrays em Java são diferentes do que em outras linguagens. Arrays em Java são objetos que podem ser passados e acoplados a outros objetos.

Arrays podem conter qualquer tipo de elemento valorado (tipos primitivos ou objetos), mas você não pode armazenar diferente tipos em um simples Array.

Ou seja, você pode ter um Array de inteiros, ou um array de strings, ou um Array de Array, mas você não pode ter um Array que contenha ambos os objetos strings e inteiros.

A restrição acima descrita significa que os Arrays implementados em Java são genéricos homogêneos, ou seja, um único Array pode armazenar qualquer tipo de objeto com a restrição que todos sejam do mesma classe.

3.1.1. Como declarar um Array

```
String difficult[];
Point hits[];
int temp[];
```

Outra alternativa de declaração:

```
String[] difficult;
     Point[]  hits;
int[]  temp;
```

3.1.2. Como criar objetos Arrays

Um dos caminhos é usar o operador *new* para criar uma nova instância de um Array, por exemplo:

```
int[] temps = new int[99];
```

Quando você cria um objeto Array usando o operador *new,* todos os índices são inicializados para você (0 para Arrays numéricos, falso para boolean, '\0' para caracteres e NULL para objetos). Você também pode criar e inicializar um Array ao mesmo tempo.

```
String[] chiles = { "jalapeno", "anaheim", "serrano" , "jumbou",
"thai"};
```

Cada um dos elementos internos deve ser do mesmo tipo e deve ser também do mesmo tipo que a variável que armazena o Array. O exemplo acima cria um Array de Strings chamado *chiles,* que contém 5 elementos.

3.1.3. Como acessar os elementos do Array

Uma vez que você tem um Array com valores iniciais, você pode testar e mudar os valores em cada índice de cada Array.

Os Arrays em Java sempre iniciam-se na posição 0 como no C++. Por exemplo:

```
String[]  arr= new String[10];
arr[10]="out";
```

Isto provoca um erro de compilação, já que o índice 10 não existe, pois isto está fora das bordas do Array.

```
arr[9] = "inside";
```

Esta operação de atribuição é válida e insere na posição 9 do Array, a string "*inside*".

3.1.4. Arrays multidimensionais

Java não suporta Arrays multidimensionais. No entanto, você pode declarar e criar um Array de Arrays e acessá-los como você faria no estilo-C.

```
int coords[][]= new int[12][12];
coords[0][0] = 1;
coords[0][1] = 2;
```

3.2. Condicionais

O condicional contém a palavra-chave *if*, seguido por um teste booleano. Um opcional *else* como palavra-chave pode ser executado na caso do teste ser falso. Exemplo:

```
if ( x < y)
     System.out.println(" x e menor do que y");
else
     System.out.println(" y e maior);
```

Nota técnica:

A diferença entre o if em Java e C ou C++ é que o teste deve retornar um valor booleano (true ou false).

3.2.1. Bloco

Um bloco é definido por ({}) e contém um grupo de outros blocos. Quando um novo bloco é criado um novo escopo local é aberto e permite a definição de variáveis locais. As variáveis definidas dentro de um bloco só podem ser vistas internamente a este e são terminadas ou extintas no final de sua execução (}).

```
      void testblock(){
            int x = 10, w=1;

            if (x> w)
            {  // início do bloco
                  int y=50;
                  System.out.println("dentro do bloco");
                  System.out.println("x:" + x);
                  System.out.println("y:" + y);
            } // final do bloco

            System.out.println("w:" + w);
            System.out.println("y:" + y);  // erro variável não
              conhecida
}
```

3.3. O operador condicional

Uma alternativa para o uso do *if* e *else* é um operador ternário condicional. Este operador ternário (*?:*) , é chamado assim porque tem três termos como parâmetro.

Exemplo:

```
test ? trueresult : falseresult
int menor = x < y ? x : y ;  // A variável menor recebe o valor
do menor entre x e  y.
```

3.4. O switch

Um mecanismo comum para substituição de *ifs* que pode ser usado para um grupo de testes e ações junto a um simples agrupamento, chama-se *switch*.

```
    switch (teste){
        case  valorum;
            resultum;
        break;

        case valordois;
            resultdois;
        break;

        case valortres:
            resulttres;
        break;

        default: defaultresult;
}
```

O valor é comparado com cada um dos casos relacionados. Se a combinação não for encontrada, o bloco *default é* executado. O *default* é opcional, então caso este não esteja associado ao comando, o bloco do *swicth* sem executar nada.

3.5. *Looping* For

O loop em Java tem esta sintaxe:

```
for(inicialização; teste; incremento) {
    bloco de comandos;
}
```

Você também pode incluir um *comando* simples, sendo assim não há necessidade da utilização de chaves. Exemplo:

```
String strArray[] = new String[10];
for ( i=0; i< strArray.length; i++)
    strArray[i]="";
```

Inicializa um Array de10 elementos com "";

3.6. Loop While

O *While* é usado para repetir um comando, ou um conjunto de comando enquanto a condição é verdadeira.

```
While (condição){
     bloco de comandos;
}
```

A *condição* é uma expressão booleana. Exemplo:

```
int count=0;
while( count < array1.length  && array1[count]!=0){
     array2[count]=(float) array1[count++];
}
```

3.7. Loop Do

A principal diferença entre o *While* e o *Do* é que o teste condicional no caso do *While* é feito antes de se executar o código interno ao loop. Desta forma, o que pode acontecer no *While* é que o loop pode não ser executado se a condição for *false*. Já no loop *Do* o corpo do loop é executado pelo menos uma vez, pois o teste de permanência é executado no fim do loop.

```
do{
     bodyOfLoop;
} while(condition);
```

Capítulo 4

Como criar classes e aplicações em Java

4.1. Como definir classes

Para definir uma classe use a palavra-chave *class* e o nome da classe. Exemplo:

```
class Minhaclasse{
...
}
```

Se esta classe é uma subclasse de outra classe, use *extends* para indicar a superclasse. Exemplo:

```
class Minhaclasse extends SuperClasse{
...
}
```

4.2. Como definir variáveis de instância

As variáveis de instância aparentemente são declaradas e definidas quase exatamente da mesma forma que as variáveis locais, a principal diferença é que a alocação delas é na definição da classe. Exemplo:

```
class Bike extends Veículo {
     String tipo;
     int correia;
     int pedal;
}
```

4.3. Constantes

Para declarar uma constante, use a palavra-chave *final* antes da declaração da variável e inclua um valor inicial para esta variável. Exemplo:

```
final float pi=4.141592;
final boolean debug=false;
final int maxsize = 40000;
```

4.4. Variáveis de classe

As variáveis de classe são boas para a comunicação entre os diferentes objetos da mesma classe, ou para manter travamento de estados globais sobre um conjunto de objetos. Exemplo:

```
static int soma;
static final int maxObjects= 10;
```

4.5. Definição de métodos

A definição dos métodos têm quatro partes básicas:

- O nome do método;
- O tipo objeto ou tipo primitivo de retorno;

- Uma lista de parâmetros;
- O corpo do método;

A definição básica de um método tem esta aparência:

```
    tipoderetorno nomedometodo(tipo1 arg1, tipo2 arg2, ...){
         ....
}
```

Exemplo:

```
    int[] makeRange(int lower, int upper)  { ... }
```

A RangeClass classe:

```
    class RangeClass{
         int[] makeRange(int lower, int upper){
              int arr[] = new int[ (upper - lower) + 1];

         for (int i=0; i<arr.length;i++)
              arr[i]=lower++;
         return arr;
    }

    public static void main(String arg[]){
         int theArray[];
         RangeClass theRange=new RangeClass();

         theArray= theRange.makeRange(1,10);
         System.out.print("The array: [ " );
         for ( int i=0; i < theArray.length; i++)
              System.out.print(theArray[i] + " ");

         System.out.println("]");
         }
}
```

A saída do programa é :

```
    The array: [ 1 2 3 4 5 6 7 8 9 10 ]
```

4.6. A palavra-chave this

No corpo de uma definição de método, você pode querer referir-se ao objeto corrente, o objeto que o método chamou para referir-se às variáveis de instância ou para passar o objeto corrente como um argumento para um outro método. Para este tipo de referência, você pode usar a palavra-chave *this*.

```
class Pessoa {
     String nome;
     int idade;
          Pessoa ( String nome, int idade ) {
          this.nome = nome;
          this.idade = idade;
     }

     public void imprimeDados () {
       System.out.print ( "Nome: " + this.nome + " Idade: " +
this.idade);
     }
}
```

4.7. Como passar argumentos para métodos

```
     class PassByReference{
          int onetoZero(int arg[]){
               int count=0;

          for(int i=0; i< arg.length; i++){
               if(arg[i]==1){
                    count++;
                    arg[i]=0;
               }
          }
          return count;
          }
     }

     public static void main (String arg[])
          int arr[]= { 1,3,4,5,1,1,7};
          PassByReference test = new PassByReference();
          int numOnes;
```

```
System.out.print("Values of the array: [");
for( int i=0; i < arr.length; i++){
     System.out.print(arr[i] + " ");
}
System.out.println("]");

numOnes= test.onetoZero(arr);
System.out.println("Number of Ones = " + numOnes);
System.out.print("New values of the array: [ ");
for( int i=0; i < arr.length; i++){
     System.out.print(arr[i] + " ");
}
System.out.println("]");
```

s saídas deste programa:

```
Values of the Array: [ 1 3 4 5 1 1 7 ]
Number of Ones = 3
New values of the Array: [ 0 3 4 5 0 0 7]
```

Capítulo 5

Mais sobre métodos

5.1. Polimorfismo ou sobrecarga

Os métodos em Java podem ser sobrecarregados, ou seja, podem-se criar métodos com o mesmo nome, mas com diferentes assinaturas (parâmetros) e diferentes definições. Quando se chama um método em um objeto, o Java casa o nome do método, o número de argumentos e o tipo dos argumentos e escolhe qual a definição do método a executar.

Para criar um método sobrecarregado, é necessário criar diferentes definições de métodos na sua classe, todos com o mesmo nome, mas com diferentes parâmetros (número de argumentos ou tipos).

No exemplo a seguir, veremos a definição da classe Retângulo, a qual define um retângulo plano. A classe Retângulo tem quatro variáveis para instanciar, as quais definem o canto superior esquerdo e o canto inferior direito do retângulo: x1, y1, x2 e y2.

```
class Retângulo {
     int x1 = 0;
     int y1 = 0;
     int x2 = 0;
     int y2 = 0;
}
```

Quando uma nova instância da classe Retângulo for criada, todos as suas variáveis são inicializadas com 0. Definindo um método construaRetang (): este método recebe quatro inteiros e faz um "resize" do retângulo de acordo com as novas coordenadas e retorna o objeto retângulo resultante (note que os argumentos possuem o mesmo nome das variáveis instanciáveis, portanto deve-se usar o this para referenciá-las):

```
Retângulo construaRetang ( int x1, int y1, int x2, int y2 ) {
     this.x1 = x1;
     this.y1 = y1;
     this.x2 = x2;
     this.y2 = y2;
     return this;
}
```

Querendo-se definir as dimensões do retângulo de outra forma, por exemplo, pode-se usar o objeto Point ao invés de coordenadas individuais. Faremos a sobrecarga do método construaRetang (), passando agora como parâmetro dois objetos Point:

```
Retângulo construaRetang (Point superiorEsquerdo, Point
inferiorDireito) {
     x1 = superiorEsquerdo.x;
     y1 = superiorEsquerdo.y;
     x2 = inferiorDireito.x;
     y2 = inferiorDireito.y;
     return this;
}
```

Entretanto, querendo-se definir um retângulo usando somente o canto superior esquerdo e uma largura e altura do retângulo pode-se ainda definir mais um método construaRetang ():

```
Retângulo construaRetang (Point superiorEsquerdo, int largura,
int altura) {
     x1 = superiorEsquerdo.x;
     y1 = superiorEsquerdo.y;
     x2 = (x1 + largura);
     y2 = (y1 + altura);
     return this;
}
```

Para finalizar o exemplo, mostra-se a seguir um método para imprimir as coordenadas do retângulo e um main para fazer o teste:

```
import java.awt.Point;

class Retângulo {
     int x1 = 0;
     int y1 = 0;
     int x2 = 0;
     int y2 = 0;

Retângulo construaRetang ( int x1, int y1, int x2, int y2 ) {
     this.x1 = x1;
     this.y1 = y1;
     this.x2 = x2;
     this.y2 = y2;
     return this;
}

Retângulo construaRetang (Point superiorEsquerdo, Point
inferiorDireito) {
     x1 = superiorEsquerdo.x;
     y1 = superiorEsquerdo.y;
     x2 = inferiorDireito.x;
     y2 = inferiorDireito.y;
     return this;
}

Retângulo construaRetang (Point superiorEsquerdo, int largura,
int altura) {
     x1 = superiorEsquerdo.x;
     y1 = superiorEsquerdo.y;
```

```
    x2 = (x1 + largura);
    y2 = (y1 + altura);
    return this;
}

void imprimaRetangulo () {
    System.out.print ( "Retângulo: < " + x1 + ", " + y1 );
    System.out.println ( ", " + x2 + ", " + y2 + ">");
}

public static void main ( String args[] ) {
    Retângulo retang = new Retângulo();

    System.out.println ( "Chamando construaRetang com coordena-
das 25, 25,           50, 50 :" );
    retang.construaRetang ( 25, 25, 50, 50 );
    retang.imprimaRetangulo ();
    System.out.println ( "--------------------");

    System.out.println ( "Chamando construaRetang com os pontos
(10, 10)        , (20, 20) :" );
    retang.construaRetang ( new Point (10,10) , new Point (20,
20) );
    retang.imprimaRetangulo ();
    System.out.println ( "--------------------");

    System.out.println ( "Chamando construaRetang com os pontos
(10, 10) ,  largura (50) e altura (50) :" );
    retang.construaRetang ( new Point (10,10) , 50, 50);
    retang.imprimaRetangulo ();
    System.out.println ( "--------------------");
}
}
```

5.2. Métodos construtores

Um método construtor é um tipo especial de método que determina como um objeto é inicializado quando ele é criado.

Diferente dos métodos normais, um método construtor não pode ser chamado diretamente; ao invés disto, os métodos construtores são chamados automaticamente pelo Java. No momento em que o objeto é instanciado, ou seja, quando se usa ***new*** o Java faz três coisas:

- Aloca memória para o objeto.
- Inicializa as variáveis daquela instância do objeto.
- Chama o método construtor da classe.

5.2.1. Construtores básicos

Os construtores parecem muito com os métodos normais, com duas diferenças básicas:

- Construtores sempre têm o mesmo nome da classe.
- Construtores não podem ter tipo de retorno.

Exemplo:

```
class Pessoa {
     String nome;
     int idade;

     Pessoa (String n, int i) {
          nome = n;
          idade = i;
     }

     void printPessoa () {
          System.out.print ("Oi meu nome é : "+ nome);
          System.out.println (". Eu tenho : "+idade+ " anos");
     }

     public static void main ( String args[] ) {
          Pessoa p;
          p = new Pessoa ( "Maria", 20 );

          p.printPessoa();
     }
}
```

5.2.2. Polimorfismo de construtores

Igual aos métodos normais os construtores também podem ter números variáveis de tipos e parâmetros. Por exemplo, os métodos construaRetang () definidos na classe Retângulo seriam excelentes construtores para a mesma classe, pois eles estão justamente instanciando as variáveis. Segue um exemplo com as devidas alterações:

```
import java.awt.Point;
class Retangulo {
     int x1 = 0;
     int y1 = 0;
     int x2 = 0;
     int y2 = 0;
Retangulo ( int x1, int y1, int x2, int y2 ) {
     this.x1 = x1;
     this.y1 = y1;
     this.x2 = x2;
     this.y2 = y2;
}
Retângulo (Point superiorEsquerdo, Point inferiorDireito) {
     x1 = superiorEsquerdo.x;
     y1 = superiorEsquerdo.y;
     x2 = inferiorDireito.x;
     y2 = inferiorDireito.y;
}

Retângulo (Point superiorEsquerdo, int largura, int altura) {
     x1 = superiorEsquerdo.x;
     y1 = superiorEsquerdo.y;
     x2 = (x1 + largura);
     y2 = (y1 + altura);
}

void imprimaRetangulo () {
     System.out.print ( "Retângulo: < " + x1 + ", " + y1 );
     System.out.println ( ", " + x2 + ", " + y2 + ">");
}

public static void main ( String args[] ) {
     Retângulo retang;

     System.out.println ( "Retângulo com coordenadas 25, 25, 50, 50 :" );
     retang = new Retângulo (25, 25, 50, 50 );
```

```
        retang.imprimaRetangulo ();
        System.out.println ( "---------------------");

        System.out.println ( "Retângulo com os pontos (10, 10) , (20, 20) :" );
        retang = new Retangulo ( new Point (10,10) , new Point (20, 20) );
        retang.imprimaRetangulo ();
        System.out.println ( "---------------------");
        System.out.println ( "Retângulo com os pontos (10, 10) , largura
           (50) e altura (50) :" );
        retang = new Retângulo ( new Point (10,10) , 50, 50 );
        retang.imprimaRetangulo ();
        System.out.println ( "---------------------");
}
}
```

5.3. Métodos destrutores

Os métodos destrutores são chamados logo antes do "***coletor de lixo***" passar e sua memória se liberada. O métodos destrutor é chamado de ***finalize()***. A classe Object define um método destrutor padrão, que não faz nada. Para criar um método destrutor para suas próprias classes, basta sobrepor o método finalize () com o seguinte cabeçalho:

```
protected void finalize () {
        ...
}
```

Dentro do método finalize, você pode colocar tudo que você precisa fazer para a limpeza do seu objeto.

Capítulo 6

Window Toolkit

As ferramentas de controle de janelas do Java também conhecidas por AWT (Abstract Window Toolkit) são uns dos pontos fortes do java. Estas ferramentas fornecem toda a funcionalidade que se podia esperar de um sistema moderno de janelas. O AWT contém os mais usados componentes das interfaces gráficas atuais, portanto habilita a aplicação a ser executada em sistemas gráficos completamente diferentes.

Neste capitulo, apresentaremos os seguintes componentes: Buttom, Canvas, Checkbox, Container, Label, List, Scrollbar e TextComponent. Para um bom entendimento destes componentes é necessário primeiro ter uma base sobre manuseio de eventos.

6.1. Eventos

Um evento é uma comunicação do mundo externo para o programa que alguma coisa aconteceu. Podemos citar como exemplo o clique ou ainda o movimento do mouse. Uma das mais importantes coisas a se entender sobre o AWT é como é feito o manuseio/tratamento destes eventos. Sem eventos, sua aplicação não poderia responder as ações do usuário.

Exemplo 1:

```
import java.awt.*;
import java.applet.Applet;

public class ex5_1 extends Applet {
     Button botão;

     public void init() {
          botão = new Button("Clique Aqui!");
          add(botão);
     }

     public boolean action (Event evt, Object algum) {
          if (evt.target == botão) {
               botão.setLabel("OK!!");
               return true;
          }
          else
               return false;
     }
}
```

Quando um componente com uma ação associada é manipulado pelo usuário, o método action() daquele componente é chamado. Neste caso, nos estamos usando um botão ao invés de usar uma subclasse de nossa autoria. O tratador de eventos tenta tratar o evento dentro da classe botão, mas como ele não acha o tratador que iria manusear o evento, ele passa o evento para cima para o container que contém o componente e assim por diante até que alguém trate o evento.

Vamos dar uma olhada de perto no método action():

```
public boolean action(Event evt, Object algum) {
```

Todos tratadores de eventos têm uma forma similar a esta. Eles aceitam um parâmetro do tipo Event, que promove informação detalhada sobre o evento. Segundo, eles retornam um valor Boolean, indicando True se o evento foi tratado, ou False caso contrário.

```
if (evt.target == botão) {
```

Aqui o alvo do evento é checado para se saber se é ou não o botão. Já que evt.target e botão são ambos objetos, nós podemos checar se ambos são o mesmo objeto.

```
botão.setLabel("OK!!");
```

Já que o botão foi pressionado, vamos mudar o seu título.

```
  return true;
}
else
  return false;
```

Finalmente, se o evento foi tratado é retornado true; caso contrário, é retornado false.

6.1.1. Tratamento de eventos em detalhe

Em quase todos os casos, podemos usar os métodos tratadores de eventos, que são fornecidos na linguagem Java. Estes estão na tabela abaixo. Mas lembre-se que tudo é relativo ao componente. Por exemplo, o método mouseMove() de um componente é chamado quando o mouse é movido dentro daquele componente.

Eventos do Java

Tipo	Método
Ação tomada	action(Event evt, Object algum)
Botão do mouse pressionado	mouseDown(Event evt, int x, int y)
Botão do mouse liberado	mouseUp(Event evt, int x, int y)
Movimento do mouse	mouseMove(Event evt, int x, int y)
Arrasto do mouse	mouseDrag(Event evt, int x, int y)
Mouse entra em componente	mouseEnter(Event evt, int x, int y)
Mouse sai de componente	mouseExit(Event evt, int x, int y)
Tecla pressionada	keyDown(Event evt, int key)
Tecla liberada	keyUp(Event evt, int key)

Quando você deve usar outros métodos em detrimento do action()? A resposta é: quando você quer trocar o comportamento do componente, action() não é suficiente. Ele apenas reporta eventos que são essenciais para o componente como um clique do mouse num botão.

Vamos adicionar ao programa do exemplo anterior algumas mudanças de comportamento:

Exemplo 2:

```
import java.awt.*;
import java.applet.Applet;

public class ex5_2 extends Applet {
     Button botão;

     public void init() {
          botão = new Button("Clique Aqui !!");
          add(botão);
     }

     public boolean mouseEnter(Event evt, int x, int y) {
          botão.setLabel("Va Embora !!");
          return true;
     }
```

```
    public boolean mouseExit(Event evt, int x, int y) {
        botão.setLabel("Fique Longe !!");
        return true;
    }

    public boolean action (Event evt, Object algum) {
        if (evt.target == botão) {
            botão.setLabel("OK");
            return true;
        }
        else
            return false;
    }
}
```

Agora, por aonde o usuário mova o mouse no Applet, o mesmo é instigado a não clicar no botão. Antes, o botão era usado de uma maneira completamente normal, agora nos mudamos seu comportamento/funcionalidade.

6.1.2. handleEvent() ou action()

Geralmente, uma combinação do método action() com outros tratadores de eventos pré-construídos trabalharão bem. Para aquelas vezes em que você necessita tomar um controle completo, handleEvent() é usado.

O método handleEvent() tem vantagens e desvantagens. No lado positivo, você é quem tem o controle completo. E no lado negativo, você é quem tem o controle completo. Isto significa que você deve ter muito cuidado quando está montando um handleEvent(), ou sua aplicação pode começar a ficar confusa e cheia de bugs muito rapidamente. Exemplo 3:

```
:
    public boolean mouseEnter (Event evt, int x, int y) {
        setText("Sai fora!!");
    }

    public boolean handleEvent (Event evt) {
        if (evt.id == KEY_PRESS) {
            setText("Pressionado");
            return true;
```

```
        }
        else
                return false;
    }
:
```

Eventos do AWT

Tipo	Método
Ação tomada	ACTION_EVENT
Botão do mouse pressionado	MOUSE_DOWN
Arrasto do mouse	MOUSE_DRAG
Mouse entra em componente	MOUSE_ENTER
Mouse sai de componente	MOUSE_EXIT
Botão do mouse liberado	MOUSE_UP
Movimento do mouse	MOUSE_MOVED
Tecla pressionada	KEY_PRESS
Tecla liberada	KEY_RELEASE

6.1.3. Como criar eventos

Ocasionalmente, o programa tem que criar seus próprios eventos. Pode até parecer estranho, mas, às vezes, o programa fica muito mais simples.

Um simples evento pode ser criado assim:

```
Event evt = new Event(obj_alvo, id, arg);
```

Aonde obj_alvo é o objeto para o qual o evento deve ser mandado, id é um inteiro que representa o tipo do evento (pode-se usar as constantes acima) e arg é um argumento para ser incluído no evento se há alguma informação extra que você gostaria que o tratador de eventos recebesse. Normalmente, a definição de um evento é feita como o exemplo abaixo:

Exemplo 4:

```
:
:
public boolean keyDown(Event evt, int key) {
      if (key == 49) {
            deliverEvent(new Event(oneKey, Event.MOUSE_DOWN,
null));
            return true;
      }
      ...
}
:
:
```

6.1.4. Foco

Quando um usuário clica em um componente da interface, este item fica "selecionado". Quando um text field é selecionado, o usuário pode digitar no campo de texto.

Quando um componente recebe o foco, o método getFocus() do componente é chamado:

```
public boolean getFocus(Event evt, Object what) {
  ...
}
```

Quando um componente perde o foco, o método lostFocus() do componente é chamado:

```
public boolean lostFocus(Event evt, Object what) {
  ...
}
```

É comum em um programa a necessidade de manter o foco em determinado componente. Por exemplo, em um text field para mostrar dados e não para receber dados, você provavelmente não quer que o text field esteja apto a receber o foco. Para este caso existe o método requestFocus():

```
public void requestFocus() {
   ...
}
```

Isto pode ser colocado em um componente que contém o text field para que este componente fique com o foco.

6.2. Componentes AWT

Antes de começarmos, é bom sabermos que:

1. Todos os componentes tem uma posição e tamanho.
2. Todos os componentes tem uma cor e uma cor de fundo.
3. Componentes podem ser habilitados ou desabilitados.
4. Existe uma interface standard para os componentes tratarem eventos.

Componentes AWT podem ser divididos em três partes:

- Componentes da interface

  Componentes da interface abrangem todos os widgets e controles associados a uma interface gráfica. Exemplos destes componentes são: buttons, text labels, scrollbars, pick list e campos text-entry.

- Containers

  Containers abrangem áreas nas quais os componentes da interface podem ser postos. Isto habilita os componentes a serem agrupados e formarem um objeto mais coeso e fácil de ser manipulado. Um Panel é um exemplo deste tipo de componente.

- Windows

  Windows são um tipo muito especial da classe Component. Todos os outros componentes são adicionados dentro de uma window. Normalmente quando se programa Applets, windows não são usadas.

6.2.1. Componentes da interface

BUTTON

Botão. Pode ser customizado para ter um texto ou ainda ser branco.

Construtores:

Button() -> cria um botão sem label.

Button(String etiq) -> cria um Button com label igual ao conteúdo de etiq.

Métodos específicos:

String getLabel()-> retorna o label(etiqueta) do botão.

void setLabel(String etiq) -> ajusta label do botão para o conteúdo de etiq.

Ação:

Cria um evento quando pressionado.

Exemplo:

```
Button botão = new Button("OK");
```

CANVAS

Canvas é um componente completamente genérico. Ele existe como fundação para outras subclasses. Este componente não é muito útil para usuários iniciantes ou intermediários, mas é extremamente útil para criar seus próprios componentes.

Construtores:

Canvas()-> cria um Canvas.

Métodos específicos:

void paint(Graphics g) -> desenha um Canvas com a cor de fundo default.

Ação:

Nenhuma, por default.

Exemplo:

```
Canvas x = new Canvas();
```

CHECKBOX

Checkbox é uma caixa pequena com um label ao lado. O usuário pode clicar on ou off. Isto é útil quando você tem uma variedade de atributos que podem ser ligados ou não. Além disso, mais de uma checkbox pode ser agrupada com um CheckboxGroup para possibilitar que apenas um dos itens seja selecionado ao mesmo tempo.

Construtores:

Checkbox()-> cria uma checkbox branca com opção false.

Checkbox(String lbl) -> cria uma checkbox com label lbl com opção false.

Checkbox(String lbl, CheckboxGroup group, boolean state) -> cria uma checkbox com a opção lbl em true contida no grupo CheckGroup.

Métodos específicos:

String getLabel()-> retorna o label da checkbox.

String setLabel(String lbl) -> ajusta o label da checkbox para lbl.

boolean getState()-> retorna o estado da checkbox.

void setState(boolean est) -> ajusta o estado da checkbox para est.

CheckboxGroup getCheckboxGroup()-> retorna o grupo que a checkbox pertence.

void setCheckboxGroup(CheckboxGroup g) -> ajusta nova CheckboxGroup(grupo) que pertence a checkbox.

Ação:

Cria um evento quando o estado muda.

Exemplo:

```
Checkbox aBox = new Checkbox("SHOW");
```

LABEL

Um label é simplesmente um texto que pode ser colocado em um componente.

Construtores:

Label()-> cria um label vazio.

Label(String lbl, int alin) -> cria um label com o texto contido em lbl e com o alinhamento especificado em alin, podendo ser:

Label.LEFT-> alinhamento à esquerda.

Label.CENTER-> centraliza texto.

Label.RIGHT-> alinhamento à direita.

Métodos específicos:

int getAlignment()-> retorna o alinhamento do label.

void setAlignment(int alinha) -> ajusta o alinhamento do label para alinha.

String getText()-> retorna o texto do label.

void setText(String lbl) -> ajusta o texto do label para lbl.

Ação:

Nenhuma, por default.

Exemplo:

```
Label aLabel = new Label("Hello!");
```

LIST

List é uma lista de itens aonde o usuário pode escolher um item ou mais.

Construtores:

List()-> cria uma lista nova sem linhas visíveis, desabilitando múltiplas seleções.

List(int nlin, boolean scr) -> cria uma lista nova com um número visível de linhas nlin e com múltiplas seleções se scr for True.

Métodos:

void addItem(String item) -> adiciona um item no final da lista.

void addItem(String item, int pos) -> adiciona um item no na posição pos.

void clear()-> limpa a lista.

int countItems()-> retorna o número de itens da lista.

void delItem(int num) -> deleta item na posição num.

String getItem(int num) -> retorna o nome do item na posição num.

void replaceItem(String new_item, int num) -> ajusta o item na posição num para new_item.

Exemplos:

```
List alist = new List();
alist.addItem("Primeiro");
alist.addItem("Segundo");
```

CHOICE

Choice é um menu de escolha. Por default, o primeiro item adicionado a um menu choice é o item default.

Construtores:

public Choice()-> cria menu de escolha, inicialmente vazio.

Métodos:

void addItem(String item); -> adiciona item ao menu de escolha.

int countItems();-> retorna o número de itens do menu.

String getItem(int num); -> retorna nome do item na posição num.

int getSelectedIndex();-> retorna índice do item selecionado.

String getSelectedItem();-> retorna o nome do item selecionado.

void select(int num); -> ajusta o item selecionado para num.

void select(String str); -> ajusta o item selecionado para str.

SCROLLBAR

Scrollbar é uma barra deslizante. É geralmente usada quando o usuário precisa se locomover rapidamente numa grande área. Pode ser orientada verticalmente ou horizontalmente.

Construtores:

Scrollbar()-> cria scrollbar orientada verticalmente.

Scrollbar(int ori) -> cria scrollbar orientada por ori, sendo que ori pode ser:

Scrollbar.HORIZONTAL

Scrollbar.VERTICAL

Scrollbar (int ori, int val, int vis, int min, int max) -> cria uma scrollbar com orientação ori, item default val, tamanho da página vis, mínimo min e máximo max.

Métodos:

int getOrientation()-> retorna a orientação da scrollbar.

void setValue(int val) -> ajusta o valor da scrollbar para item na posição val.

int getMinimum()-> retorna o valor mínimo de itens da scrollbar.

int getMaximum()-> retorna o valor máximo de itens da scrollbar.

Exemplo:

```
ScrollBar x = new scrollbar (scrollbar.HORIZONTAL);
```

TEXTFIELD

TextField é um componente que habilita o usuário a entrar com uma linha de texto. Isto é o suficiente para quase todas as entradas de dados. Mesmo o nome sendo TextField, números são aceitos também.

Construtores:

public TextField()-> cria um campo de texto.

public TextField(int tam) -> cria um campo de texto com tamanho tam.

public TextField(String txt) -> cria um campo de texto ajustado com a string txt.

public TextField(String txt, int tam) -> cria um campo de texto ajustado com a string txt e com o tamanho tam.

Métodos:

int getColumns()-> retorna o número de colunas(tamanho) do TextField.

String getText()-> retorna o texto contido no TextField.

void setText(String txt) -> ajusta o texto da TextField para txt.

Exemplo:

```
TextField atexto = new TextField("35",5);
```

TEXTAREA

TextArea é um componente parecido com TextField, a diferença é que TextArea pode ter várias linhas de texto.

Construtores:

TextArea()-> cria um campo de texto.

TextArea(int lin, int col) -> cria um campo de texto com lin linhas e col colunas.

TextArea(String txt,int lin, int col) -> cria um campo de texto com o conteúdo txt, lin linhas e col colunas.

Métodos:

int getColumns()-> retorna o número de colunas do TextField.

int getRows()-> retorna o número de linhas do TextField.

String getText()-> retorna o texto contido no TextField.

void setText(String txt) -> ajusta o conteúdo do TextField para a string txt.

Exemplo:

```
TextArea texto = new TextArea("OK", 5, 40);
```

Exemplo 5:

```
import java.awt.*;
import java.applet.Applet;

public class ex5_3 extends Applet {
      Button botão;
      Checkbox cbox;
      Label texto;
      List lista;
      Scrollbar barra_rolagem;
      TextField campo_texto;
      TextArea area_texto;
```

```
    public void init() {
         botão = new Button("Ok");
         cbox = new Checkbox("Show");
         texto = new Label("Hello!");
         lista = new List();
         barra_rolagem = new Scrollbar(Scrollbar.HORIZONTAL);
         campo_texto = new TextField("37",5);
         area_texto = new TextArea("Ok",5,40);
         lista.addItem("Primeiro");
         lista.addItem("Segundo");
         add(botão);
         add(cbox);
         add(texto);
         add(lista);
         add(barra_rolagem);
         add(campo_texto);
         add(area_texto);
    }
}
```

CONTAINERS

Containers são simplesmente componentes que podem conter outros componentes. Pense como uma maneira de subdividir uma área para construir a interface com o usuário, onde os componentes podem ser colocados.

Existem dois tipos de containers: Panels e Windows. A maior diferença entre eles é que um Panel é definido como uma área em uma janela já existente e Window é uma janela completamente nova. Quando a aplicação é um Applet, o único container que pode ser aplicado é o Panel.

Exemplo:

```
import java.awt.*;
import java.applet.Applet;

public class ex5_6 extends Applet {
     Frame aframe;

     public void init() {
          aframe = new Frame("Exemplo de Frame");
          aframe.show();
     }
}
```

LAYOUTS

Layout pode ser definido como uma máscara que é colocada sobre um container para definir como os seus componentes serão adicionados. Normalmente é usado o layout BorderLayout(), baseado nos pontos cardeais.

Exemplo:

```
import java.awt.*;
import java.applet.Applet;

public class ex5_7 extends Applet {
     Button botão1, botão2, botão3, botão4, botão5;

     public void init() {
          setLayout(new BorderLayout());
          botão1 = new Button("Norte");
          botão2 = new Button("Sul");
          botão3 = new Button("Leste");
          botão4 = new Button("Oeste");
          botão5 = new Button("Centro");
          add("North",botão1);
          add("South",botão2);
          add("East",botão3);
          add("West",botão4);
          add("Center",botão5);
     }
}
```

MÉTODOS COMUNS A TODOS OS COMPONENTES

void resize(int width, int height)-> tamanho do componente

void move(int x, int y) -> mover componente

void setForeground(Color x)-> cor do componente

void setBackground(Color y)-> cor de fundo do componente

void disable()-> desabilitando componente

void enable()-> habilitando componente

VARIÁVEIS DE COR DEFINIDAS NO JAVA

black	blue	cyan	darkGray
gray	green	lightGray	magenta
orange	pink	red	white
yellow			

Exemplo de interface de uma calculadora:

```
import java.awt.*;
import java.applet.Applet;

public class ex5_7 extends Applet {
     Label display;
     Panel bottom;
     Panel num_panel;
     Panel func_panel;
     Button number[] = new Button[10];
     Button function[] = new Button[6];

     public void init() {
          setLayout(new BorderLayout());
          display = new Label("0", Label.RIGHT);
          add("North", display);

          bottom = new Panel();
          bottom.setLayout(new BorderLayout());

          num_panel = new Panel();
          num_panel.setLayout(new GridLayout(4,3));

          for (int x=9; x>=0; x--) {
               number[x] = new Button((new String()).valueOf(x));
               num_panel.add(number[x]);
          }

          function[4] = new Button(".");
          num_panel.add(function[4]);

          function[5] = new Button("=");
          num_panel.add(function[5]);
```

```
        bottom.add("Center", num_panel);

        func_panel = new Panel();
        func_panel.setLayout(new GridLayout(4,1));

        function[0] = new Button("+");
        function[1] = new Button("-");
        function[2] = new Button("*");
        function[3] = new Button("/");

        for (int x=0; x<4; x++)
             func_panel.add(function[x]);

        bottom.add("East", func_panel);

        add("Center",bottom);
    }
}
```

6.3. Gráficos

A linguagem Java contém um número grande de primitivas gráficas que possibilitam ao usuário criar gráficos facilmente e rapidamente. A seguir, uma pequena relação dos métodos mais úteis da classe Graphics:

```
dispose()
  limpa contexto corrente do objeto.

clearRect(int x, int y, int width, int height)
  limpa a área do retângulo especificado com a cor atual.
     int x -> coordenada x inicial
     int y -> coordenada y inicial
     int width -> largura
     int height -> altura

drawLine(int x1, int y1, int x2, int y2)
  desenha uma linha.
     int x1 -> coordenada x inicial
     int y1 -> coordenada y inicial
     int x2 -> coordenada x final
     int y2 -> coordenada y final

drawRect(int x, int y, int width, int height)
  desenha um retângulo.
     int x -> coordenada x inicial
```

```
    int y -> coordenada y inicial
    int width -> largura
    int height -> altura
```

drawRoundRect(int x, int y, int width, int height, int arcWidth, int arcHeight)

```
  desenha um retângulo com as bordas arredondadas.
    int x -> coordenada x inicial
    int y -> coordenada y inicial
    int width -> largura
    int height -> altura
    int arcWidth -> diâmetro horizontal do arco nos 4 cantos
    int arcHeight -> diâmetro vertical do arco nos 4 cantos
```

drawOval(int x, int y, int width, int height)

```
  desenha um círculo
    int x -> coordenada x inicial
    int y -> coordenada y inicial
    int width -> largura
    int height -> altura
```

draw3DRect(int x, int y, int width, int height, boolean raised)

```
  desenha um retângulo em 3 dimensões.
    int x -> coordenada x inicial
    int y -> coordenada y inicial
    int width -> largura
    int height -> altura
    boolean raised -> se True retângulo aparece aumentado, senão
diminuído.
```

drawPolygon(int xPoints[], int yPoints[], int nPoints)

desenha um polígono. Qualquer polígono criado tem que conter um ponto que o fecha. Java não cria polígonos fechados automaticamente, então tenha sempre certeza que os pontos inicial e final são iguais.

```
      int xPoints[]-> array de coordenadas x
      int yPoints[]-> array de coordenadas y
      int nPoints[]-> número de pontos
```

drawString(String str, int x, int y)

```
  desenha string com a fonte e tamanho correntes.
    String str -> string a ser desenhada
    int x -> coordenada x
    int y -> coordenada y
```

```
fillRect(int x, int y, int width, int height)
  preenche um retângulo com a cor corrente.
     int x -> coordenada x inicial
     int y -> coordenada y inicial
     int width -> largura
     int height -> altura

fillRoundRect(int x, int y, int width, int height, int arcWidth, int
arcHeight)
  preenche um retângulo com bordas arredondadas com a cor corren-
te.
     int x -> coordenada x inicial
     int y -> coordenada y inicial
     int width -> largura
     int height -> altura
int arcWidth -> diâmetro horizontal do arco nos 4 cantos
     int arcHeight -> diâmetro vertical do arco nos 4 cantos

fill3DRect(int x, int y, int width, int height, boolean raised)

  preenche um retângulo 3D com a cor corrente.
     int x -> coordenada x inicial
     int y -> coordenada y inicial
     int width -> largura
     int height -> altura
     boolean raised -> se True retângulo aparece aumentado, senão
diminuído.

fillOval(int x, int y, int width, int height)
  preenche um círculo com a cor corrente.
     int x -> coordenada x inicial
     int y -> coordenada y inicial
     int width -> largura
     int height -> altura

fillPolygon(int xPoints[], int yPoints[], int nPoints)
  preenche um polígono com a cor corrente.
        int xPoints[]-> array de coordenadas x
        int yPoints[]-> array de coordenadas y
        int nPoints[]-> número de pontos

Color getColor()
  retorna a cor corrente.

setColor(Color c)
  ajusta a cor corrente.
     Color c -> nova cor corrente
```

```
Font getFont()
  retorna a fonte corrente.

setFont(Font f)
  ajusta a fonte corrente.
     Font f -> nova fonte corrente
```

Muito mais em:

procure por classe Graphics() em: http://www.javasoft.com/doc/index.html

Capítulo 7

Threads

Threads constituem uma característica bastante relevante da linguagem Java. A incorporação dos conceitos de sincronização e variáveis de condição dentro da própria linguagem permite que programadores médios consigam utilizar conceitos de computação concorrente de forma bem facilitada, o que possibilita uma melhoria de performance dos programas. Neste capítulo, veremos o que são threads, analisaremos seus estados e métodos básicos e aprenderemos a inserir threads em Applets.

7.1. O que são threads?

Uma thread pode ser definida como "um fluxo de controle seqüencial isolado dentro de um programa". Como um programa seqüencial qualquer, uma thread tem um começo, um fim e uma seqüência de comandos. Entretanto, uma thread em Java não é um programa, não executa sozinho, executa dentro de um programa.

Threads permitem que um programa simples possa executar várias tarefas diferentes ao mesmo tempo, independentemente umas das outras.

Programas multithreaded são programas que contêm várias threads executando tarefas distintas, simultaneamente. O browser HotJava, implementado em Java, é um exemplo. Da mesma forma que o Netscape, com o HotJava você pode fazer um scroll em uma página enquanto carrega uma imagem ou executa vários Applets ao mesmo tempo.

Em Java, threads são cidadãos de primeira ordem, se constituindo de instâncias da classe Thread que fornecem suporte a comunicação concorrente. A classe Thread provê os métodos necessários para criar e controlar threads (independentemente da plataforma usada) e executá-los concorrentemente. A real implementação de threads é feita pelo sistema operacional.

O corpo de uma thread é o seu método run(), e é nele que são executadas as tarefas as quais thread se destina. Podemos implementar threads de duas maneiras (ambas suportadas pelos construtores da classe Thread):

- Criando uma subclasse da classe Thread e definindo o seu método run() de maneira adequada à realização da tarefa do thread.
- Criando uma instância de Thread que recebe como parâmetro um objeto que implemente a interface Runnable - este objeto providenciará o método run() para a thread.

A linguagem Java fornece meios para criarmos threads como daemons, agruparmos threads, sincronizá-los e controlar suas prioridades.

7.2. Os estados de uma thread

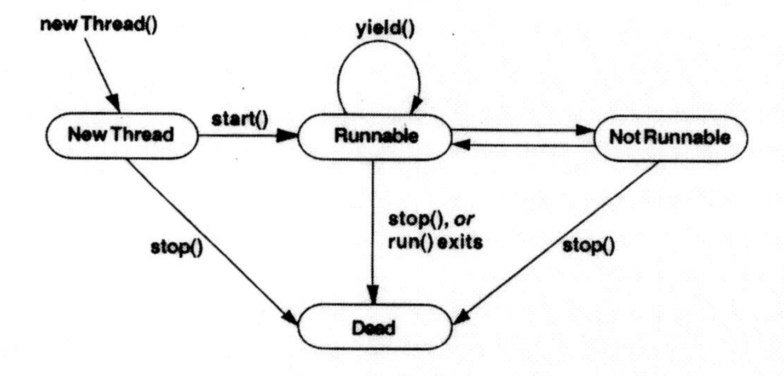

- New Thread

  Inicialização da thread - feita através do construtor Thread().

```
class MyThreadClass extends Thread {
    ...
}
...
MyThreadClass myThread = new MyThreadClass();
```

  Neste estado, nenhum recurso do sistema foi alocado para o thread ainda, assim, a partir daqui, tudo que você pode fazer é um start(), para ativar a thread, ou um stop(), para "matá-lo". A chamada de qualquer outro método não faz sentido e levantará a exceção IllegalThreadStateException.

- Runnable

  Este é o estado em que o thread está pronto para rodar. O método start() requisita os recursos do sistema necessários para rodar a thread e chama o seu método run(). O método run() é a "alma" de um thread; é neste método que definimos o que a thread vai executar.

```
Thread myThread = new MyThreadClass();
myThread.start();
```

  Falamos em Runnable, ao invés de Running, porque a thread pode não estar realmente sendo executada. Imagine um computador com um único processador - seria impossível executar todas as threads ao mesmo tempo. O que ocorre é que a CPU deve ser escalonada entre as várias threads. Quando uma thread está Running, ela está também Runnable, as instruções do seu método run() é que estão sendo executadas pela CPU.

- Not Runnable

  O estado Not Runnable significa que a thread está impedida de executar por alguma razão. Existem 4 maneiras de uma thread ir para o estado Not Runnable.

  1. receber a mensagem suspend();
  2. receber a mensagem sleep();

3. a thread bloqueia, esperando I/O;
4. a thread usa seu método wait() para esperar por uma variável de condição.

   O exemplo abaixo coloca o applet myThread para dormir por 10 segundos:

```
Thread myThread = new MyThreadClass();
myThread.start();
try {
myThread.sleep(10000);
} catch (InterruptedException e) { }
```

Cada uma destas maneiras tem a sua forma específica de sair do estado Not Runnable.

1. se a thread foi suspensa, alguém precisa mandar-lhe a mensagem resume();
2. se a thread foi posta para dormir, ela voltará a ser Runnable quando o número de milisegundos determinado passar;
3. se a thread está bloqueada, esperando por I/O, a operação precisa ser completada;
4. se a thread está esperando por uma variável de condição, o objeto que a retém precisa liberá-la, através de um notify() ou de um notifyAll()

- Dead

Uma thread pode morrer de "causas naturais" (quando o seu método run() acaba normalmente) ou pode ser morto pelo método stop().

É possível controlar a ordem de execução de várias threads definindo prioridades para elas. O escalonador de threads do Java segue a seguinte regra: a qualquer instante, a thread corrente é a de maior prioridade. Para que a thread de maior prioridade ceda CPU a outra thread, ele precisa enviar para si o método yield(), ou, entrar no estado Not Runnable. Caso contrário, ele irá executar até que termine seu método run().

Para descobrir a prioridade de uma thread, podemos usar o método getPriority() e, para defini-la setPriority(n), onde n é um inteiro de 1 a 10 (10 representando a prioridade máxima).

7.3. Threads em Applets

Até agora, nós vimos como trabalhar com threads criadas a partir da classe Thread ou de uma classe que herde da classe Thread. Sabemos que esta classe provê os métodos básicos para se lidar com threads (run(), start(), stop(), sleep() etc.).

Suponha que você queira, agora, implementar uma thread dentro de um Applet. Por exemplo, suponha que você quer fazer um Applet relógio, que atualiza o seu display a cada segundo. A classe que vai implementar o seu relógio precisa ser uma subclasse da classe Applet para herdar todas as facilidades oferecidas por ela. Como fazê-la, então, herdar também da classe Thread? A interface Runnable é a solução!

Qualquer objeto que implemente a interface Runnable pode utilizar o seu método run() para ser executado como uma thread.

```
class Clock extends Applet implements Runnable {
     ....
}
```

O Applet Clock precisa, agora, criar a sua própria thread. Isto é feito no seu método start()

```
public void start() {
     if ( clockThread == null) {
          clockThread  = new Thread(this, "Clock");
          clockThread.start();
     }
}
```

Observe a chamada ao construtor Thread (this, "Clock"). O construtor precisa receber como primeiro argumento um objeto que implemente a interface Runnable, este objeto é que vai fornecer o método run() da thread clockThread.

```
public void run() {
     while (clockThread != null) {
          repaint();
          try {
               clockThread.sleep(1000);
          } catch (InterruptedException e) { }
     }
}
```

No método stop() do Applet Clock, temos que chamar também o método stop() da thread clockThread, caso contrário, a thread vai continuar executando e consumindo recursos mesmo depois que sairmos da página do Applet.

```
public void stop() {
     clockThread.stop();
     clockThread = null;
}
```

Se você revisitar a página, o start() do Applet Clock é chamado novamente e uma nova thread é inicializada.

7.4. Como herdar de Thread x como implementar Runnable

Existem duas maneiras de implementar threads:

1. Herdando da classe Thread ou de subclasses da classe Thread.
2. Implementando a interface Runnable e criando uma thread (passando o objeto que implementa Runnable como argumento).

Qual opção utilizar?

Se você precisa estender outra classe (o exemplo mais comum é a classe Applet), use Runnable. Entretanto, se você está planejando apenas sobrepor o método run(), e mais nenhum outro método de Thread, use Runnable. Classes não devem herdar de outras classes, a menos que o programador pretenda modificar ou aprimorar o comportamento fundamental da classe.

Abaixo o código completo do Applet Clock:

```
/*
 * Copyright (c) 1995, 1996 Sun Microsystems, Inc. All Rights
Reserved.
 *
 * Permission to use, copy, modify, and distribute this software
 * and its documentation for NON-COMMERCIAL purposes and without
 * fee is hereby granted provided that this copyright notice
 * appears in all copies. Please refer to the file
```

```
"copyright.html"
 * for further important copyright and licensing information.
 * SUN MAKES NO REPRESENTATIONS OR WARRANTIES ABOUT THE
SUITABILITY OF
 * THE SOFTWARE, EITHER EXPRESS OR IMPLIED, INCLUDING BUT NOT
LIMITED
 * TO THE IMPLIED WARRANTIES OF MERCHANTABILITY, FITNESS FOR A
 * PARTICULAR PURPOSE, OR NON-INFRINGEMENT. SUN SHALL NOT BE
LIABLE FOR
 * ANY DAMAGES SUFFERED BY LICENSEE AS A RESULT OF USING,
MODIFYING OR
 * DISTRIBUTING THIS SOFTWARE OR ITS DERIVATIVES.
 */
import java.awt.Graphics;
import java.util.Date;

public class Clock extends java.applet.Applet implements Runnable
{

    Thread clockThread = null;

    public void start() {
        if (clockThread == null) {
            clockThread = new Thread(this, "Clock");
            clockThread.start();
        }
    }
    public void run() {
        // loop terminates when clockThread is set to null in
stop()
        while (Thread.currentThread() == clockThread) {
            repaint();
            try {
                clockThread.sleep(1000);
            } catch (InterruptedException e){
            }
        }
    }
    public void paint(Graphics g) {
        Date now = new Date();
        g.drawString(now.getHours() + ":" + now.getMinutes() +
":" + now.getSeconds(), 5, 10);
    }
    public void stop() {
        clockThread = null;
    }
}
```

Capítulo 8

Procure saber mais sobre

8.1. URL

Para aqueles que gostariam de interligar seus Applets com outros recursos da Internet, o Java contém classes específicas para isto.

8.2. Fila, pilha, tabela hash

A maioria das estruturas abstratas de dados já está implementada no Java; veja as bibliotecas contidas em java.util.

8.3. Javadoc

Fazer a documentação de um sistema sempre foi um problema. Na linguagem Java existe um gerador de documentação em HTML. O Javadoc gera documentação de: packages, classes, interfaces, exceções, métodos e variáveis.

8.4. Ambientes de programação/depuração

Além do JDK, existem vários outros ambientes de programação e depuração para Java; abaixo relacionamos os mais conhecidos:

Visual Café, JBuilder e Visual Age.

Referências bibliográficas

- Java API Documentation. Sun Microsystems, 1995.
- Java Unleashed. Sams Net Group, 1996.
- Lemay, Laura e Perkins, Charles. Teach Yourself Java in 21 Days. Sams Net Group, 1996.

Impressão e acabamento
Gráfica da Editora Ciência Moderna Ltda.
Tel: (21) 2201-6662